JN411870

오, 작위 작위꽃

시산맥 시인선 008

오, 작위 작위꽃
시산맥 시인선 008

초판 1쇄 인쇄 | 2012년 12월 30일
초판 1쇄 발행 | 2013년 1월 10일
지은이 | 정온
펴낸이 | 문정영
펴낸곳 | 시산맥사
북디자인 | 이기와
등록번호 | 제251-2009-15호
등록일자 | 2009년 4월 15일
주소 | 주소는 서울시 종로구 운니동 65-1 월드오피스텔 1102호
전화 | 02-764-8722
전자우편 | poemmts@hanmail.net
홈페이지 | www.poemmts.com

ISBN 978-89-98133-02-3(03810)

값 8,000원

* 이 책은 2012년 부산문화재단 지원금을 받아 발간되었습니다.

오, 작위 작위꽃

정온 시집

■ 작가의 말

저만치 불빛이 보인다. 김이 모락모락 오르는 아궁이의 불빛이 아니다. 파랗게 타는 호랑이 눈알이다. 목젖까지 오그라붙는 전율이 인다. 좋다, 온몸을 죄어오는 어둠도 덥석 베어 먹는 커다란 아가리, 어서 나를 삼켜라. 너의 유연한 등허리에 한 덩이 살로 다시 태어나, 거친 수목 사이를 마구 달리리라.

2012년 12월

정온

■ 차 례

1부

2부

3부

1부

양배추를 씻다가

말하자면
총알 박아 넣기 좋은 네 머리통을 생각한다
꼬리를 자르고 도망치는 도마뱀, 또 다른 이파리 아래에서 꼬릴 키우는
네 죄를 생각한다
하루를 뜯어내면 또 똑같은 하루가 자라는
이 지긋지긋한 관계
속이 하얘지도록 비워내고 싶어

모두가 킬킬대는 영화관에서
한잠 제대로 자고 나온 화창한 오후
여전히 굉음을 내며 내 뒤를 바짝 따라오고 있는
세상, 그 복판에 45구경 총구를 겨누고 싶을 때
잔혹한 꽃을 피우고 싶어
미칠 때
한나절 한 시간 일 분 일 초
나를 균등하게 토막 친
네 죄 위에
방울토마토처럼 얹힌 게 태양이라니

피리를 불면

사막이다
지친 낙타가 끌고 가는 사막
온몸에 흰 천을 두른 여행자, 그림자가 짧아진다
그림자의 주인은 이생을 건넌 아버지
눈이 마른 우물처럼 깊어져 그리움이 바닥을 울린다
아버지는 걸음을 재촉하고 모래바람은 내 눈을 가린다
낙타가 없는 나는 낙타처럼 네 발로 기어 아버지의 그림자
를 잡고
끌려오던 사막이 내 그림자를 잡는다
지상의 모든 것이 하얗게 탈색되는 정오, 눈이 부시다
눈이 부신 아버지가 앙상한 팔을 들어올린다
약봉지를 털어 넣던 그 야윈 팔목
손바닥을 펴 알사탕 하나를 건넨다
찡그린 어린 내가 고개를 흔든다
씁쓰름하게 웃던 아버지
아버지, 같이 가요
동굴을 빠져나오지 못하고 죽은 해골이 구르듯
소리는 목구멍 속에서만 웅얼거린다
숨을 가다듬고 다시 크게 불러본다

아버지는 말 없고
모래바람이 회오리치며 대답한다
나를 삼키고 아버지와 낙타를 삼키고 사막을 삼킨다
아무것도 남지 않았다
모래더미에 박힌 앙상한 뼈만 남았다
거기에 입술을 댄다
서걱대는 모래 알갱이가 식도를 타고 들어온다
가장 깊은 모음으로 그 서걱거림을 뱉는다

세상은 기타

문이 거칠게 흔들렸다
……
아무도 없는 빈 들
침침한 유리창엔 빗방울 몇, 사분음표 서넛 그려 넣고
늘어선 전신주에 전깃줄 파르르
떨리는 것은 지금 조율 중
자식 먼저 누워 버린 도시 등지고 앉은
노인의 집
딱, 딱, 헛간 문이 박자를 놓는다
뒷산 리기다소나무 오른쪽 왼쪽 고갤 흔든다
서둘러 구름 속으로 들어가는 반달
그만 넘어지며 G코드를 잡자
가는 빗속을 헤엄쳐 뾰족한 주둥일 문틈에 박는
먼발치 경로당 지짐 냄새
눈가에 치미는 시장기 닦으려는 안노인
오른손을 올렸다
크르릉, 이제다 하고 갈라서는 먹구름
굵은 빗방울들 팅팅팅 전깃줄을 튕기기 시작한다
끝내 맞물리지 못한 관계처럼 어긋난 헛간 문

빠르게 리듬을 살리고
우우우, 일제히 코러스 넣는 리기다소나무
아악, 놀란 까마귀의 메조소프라노 젖은 공기를 물고 솟구친다

이 연주
저린 두 무릎 사이 오롯이 내려
뚜둑, 뚜둑 마른 관절들 흐린 창을 닦는다
밖을 내다본다

새벽기도

투명한 유리컵을 수평선 위에 탁 놓으시는 아버지
이불을 돌돌 말고 타조알처럼 누운 우리는 듣네
톡톡, 달걀 하나 깨 넣으시는 아버지
그 소리에 눈꺼풀 파르르 떠는 우주
그 소리에 방금 알을 빠져나온 고치처럼 우리가 서서히 몸을 켜네
껍질 속에 갇혔던 갑갑한 시간
와앙, 울음을 터트리며 바닥으로 머릴 박는
둥근 기포를 어깨에 매달고 천천히 솟아오르는
시간의 노른자
먼 산과 들, 살며시 양 무릎 꿇고 두 손 모으네

솜털 같은 날들이 다 자라 횃대에 웅크리고 있는 검붉은 볏이 되었지 긴 발톱과 부리가 휘어져 모이를 먹을 수 없어 시한 지난 핵연료처럼 더 이상 알을 만들 수 없어 무화과나무 가지가 연하여지고 잎사귀가 서른 싹이나 났으니 여름이 다가왔구나

여전히
새벽이면 따끈따끈한 달걀 하나로 우리를 깨우시는 아버지

건강하시겠다

오만 년쯤 장수하시겠다

동해남부선, 아주아주 긴 상자

모두 병처럼 고스란히 담겨있었죠
상큼한 오렌지주스처럼 또는 김빠진 맥주처럼
흔들흔들 찰랑찰랑
해지기 전에 들어가야 다음날 일출을 볼 수 있다기에
모두들 활짝 핀 해바라기 얼굴이었죠
몇 마디만 건네면 속을 환히 보여주기에 이름이 무궁화호인가요
무진장무진장 가야하기에 무궁화호인가요
모처럼 옆 사람이 마음에 든다고요
그래도 오징어 다리처럼 흡반 세워 달라붙지는 마세요
찝찝한 냄새가 장난이 아니거든요
오래도록 씹힐 작정이 아니라면
그만 벌린 다리 좀 치워주실래요
여기는 순방향으로만 달리는 상자
앞 사람 뒤통수가 곧 익숙해져요
늘 이렇게 사는 순서가 정해진 게 세상이라니
참 순하기도 하지요
가끔 남의 자리에 앉아 목 세우는 긴장, 재미는 있죠
올 것은 곧 오고 말지만요

냉큼 일어나 역방향으로 걸어 나오는데 머리가 뱅그르르
이 또한 세상살이 맛 아니겠어요
또, 또, 마주 오는 기차를 피해 정차를 한다는 안내방송 아저씨
목소리가 졸립군요
우리도 창밖에 펼쳐진 바다를 끌어당겨 눈 좀 붙일까 봐요
이렇게 흔들흔들 찰랑찰랑 쉼 없이 가다보면
우리의 목적에,
매일매일 뜨는 목표에, 도달하겠지요
정동진에만 해가 뜨는 것이 아닐 텐데
왜 우리는 순방향으로 앉아서 앞으로, 앞으로만 가야할까요
앞만 보고 달리는 게 우리의 병인가 봐요
그래요, 우린 모두 병처럼 그렇게 담겨있는 거죠

오늘의 키워드는 네모

여기는 규격에 맞춘 상자
사는 건 시험이고 사회는 문제투성이
캄캄하므로 잠이 옵니다
이럴 땐 누우면 잘리므로 엎드리면 그저 그만인 반듯한 책상
눈알을 굴려볼까요 연필을 굴려볼까요
아, 아, 집중하세요
연습장만하다고 연습처럼 휘갈기면 곤란하겠죠
문항마다 매겨지는 우리의 등급
일류 기업 일류 대학 일등급 수학 일등급 사회 그래 일등급 돼지
손바닥만 한 종이에 일목요연하게 분류되고 있어요
칸칸마다 서거나 앉아서 한 십년 쯤 늙어가고 있는 숫자들
정말 앞이 노래지네요
창 너머 네모난 하늘은 무지하게 맑은데 말이죠
저기 선생님, 답을 저 하늘에 적으면 안 될까요?
저렇게 넓은데 우리의 꿈인들 못 적겠어요?
창틀을 당겨 모가지를 비틀면 사각모도 될 수 있을 것 같아요
눈 동그랗게 치켜뜨는 하늘이 한 말씀
아, 아, 집중하세요 십 분 남았어요

참 문제가 많은 게 우리 사회인데 정답이 없는 게 꼭 우리 같아요

선생님, 사회가 이렇게 어려워도 되는 거예요?

반듯하게 큰다는 게 이렇게 따분한 거예요?

아무래도 네모반듯한 교실을 뛰쳐나와 좀 굴러먹을까 봐요

한세상 공처럼 뒹굴다보면

빨간 색연필을 두른 둥근 해가 나를 보고 웃겠죠

온 세상 다 환해지겠죠

지구는 둥그니까아악!

4교시 벨이 상자 가득 울립니다

상자에 꼭 맞춘 지구본처럼 돌지 않고 그대로

딱, 멈출 시간

노랑뾰족민달팽이*

그렇게 근시안적으로 말하지 마
집이 없다니
동정은 절대 사절
동정이라니
새벽마다 펄럭, 돛을 치는 거시기라면 또 몰라
전라도 거시기는 우주와도 통한다지
은하수에 다리도 놓는다지
한 갑에 이백 원 하는 은하수로 도넛을 만들던
오빠, 그 태도가 맘에 안 들어
집이 없다는 건 세상 모두가 집이기도 하지
너무 큰 집이라 부담스러워?
그럼 여덟 평 원룸은 어때
농담은 진할수록 맛있는 거지
평생 배밀이로 길을 낸 전답 열두 마지기
다 팔아도 서울 집 한 채가 안 된다지
그럼 야금야금 다 뜯어먹긴 왜?
안경 너머 뾰족하게 쳐다보지 마
잎맥만 남은 시골집에 해종일 기어 다닌 흔적
안태처럼 묻혀있어

그 끈끈한 기억에 등 붙인 두 노인네 버둥거리고 있어
아니, 어서 오라 손짓하고 있어
모자라 발짓조차 하고 있어
집이니까, 집

*인가 부근의 돌 밑이나 버려진 물건들 밑에 서식하며 야간에 침입해서 채소를 먹는 등 농작물에 피해를 준다.

난 오늘도 플러그를 뽑는다

알 게 뭔가
아래층 여자 또각또각 계단을 깨물어 먹으며 내려가는 사이
불온한 해그림자 아파트 통로로 슬그머니 꼬릴 감추는 사이
어둠이 꺾인 날개를 추슬러 일어서고
세상 모든 남편과 동침한다 한들
설사 그 중 내 남편인들
또 알 게 뭔가

밤마다 백남준의 비디오 아트가 시작되는
베란다 맞은 편
혼자 노는 소녀이야기 늘 방영된다
새벽에 나섰는지 밤늦게 들어오는지
도통 조연배우 등장하지 않아 너무 심심한 드라마
하지만 알 게 뭔가

새순처럼 돋아나는 앳된 빛 조각
땅땅 못을 치듯 밟고 오는 여자의 배경화면으로
미처 화장을 다 지우지 못한 하늘 한 쪽
황급히 벗은 삼각팬티마냥 돌돌 말려 아파트 동 사이 끼여

있다

살그머니 열쇠를 더듬는 핸드백 속에서
잊고 있던 자신의 내장, 그 양심이란 게
물컹하게 만져진들
그래서 머뭇거린들
이제와 알 게 뭐란 말인가

오늘도 소녀는 무음으로 화면을 빠져나가고
난, 오직 할 수 있는 일
플러그를 뽑는다
밥을 먹는다

얼룩무늬고양이

아주 희거나 너무 검거나
울고 싶다거나 죽고 싶다거나
눈동자를 모으고 손톱을 세워 봐
입 언저릴 씰룩거려 봐
갈고 닦은 생존의 노하우가 송곳니처럼 삐져나오지
치켜 올린 눈초리엔 번뜩이는 희망이 걸리지
비린내는 나의 삶
할퀴거나 물어뜯는 것은 나의 방식
한때
늘어진 사지에 햇살을 압정처럼 박고 한 십년 냅다 자고 싶었지
유연한 긴 허릴 창틀에 걸어놓고 한세상 거꾸로 내다보고 싶었지
순수하지도 못한
순결하지도 못한 게 천성이라면
차가운 유리벽에 맨살을 대어 봐
어두울수록 더욱 빛나는 성깔을 드러내 봐
이죽거리며 지나가는 삶
잽싸게 잡아채 버려

이글이글 자신을 불 질러 버려,
남은 잿더미 툴툴 털어 봐
아무렇지도 않게 노랠 불러 봐
암컷만이 입을 수 있다는 무늬야,
얼룩덜룩하다고?
그것이 정품이야
얼마든지 입어낼 거야
언제든지 입어줄 거야
제 새끼 물고 가는 고양이처럼
보드랍고도 단호한
그 발걸음처럼

우수 2009

비에 포박당한 도시는 이제야 차분해졌다
오리무중이던 사건을 곧 실토라도 할 듯
자분자분 다그치는 비 앞에
도시의 눈가가 촉촉이 젖어왔다
다소 고무적이다
도시 남동쪽에서 아기 분 냄새를 맡았다는 진술과
한때 개나리 아랫도리가 젖어있더라는 진술을
들이대자
담배 한 개비를 청했다
이것 또한 고무적이다
저녁이내처럼 담배연기에 갇히는 도시
불현듯 눈빛을 하나 둘 밝혔다
곧 입을 열 모양이라고
빗줄기가 가늘어지는 사이
느슨한 포박을 푼
교활한 미소가 반딧불이 꼬리처럼 빠져나갔다
기진맥진한 비, 사거리 공중전화 버튼을 힘겹게 누른다
날이 새면, 세상에서 가장 밝은 전구
대머리 범죄심리분석관이 도착할 것이다

따사로운 햇살전구에 몸을 말린 도시는
결국
어린 진달래와 애기 개나리가 유기된 장소를 불고 말 것이다
봄비가 잦아들고 있다
지쳤는지 도시도 앉은 채 잠이 들었다

현악3중주

현관문이 찰칵, 닫힘과 동시에
칼이 내 목을 눌렀다
악, 비명을 지르자
아직 조율이 안 됐군
내 입에 청테이프를 붙였다
이어 블라우스 앞섶을 칼로 찢었다
칼끝이 살갗을 파고들자 목구멍에 고인 비명이 새어나왔다
그가 말했다
이게 바이올린이지

내 몸을 올라타고 짐승소리를 냈다
발버둥 치면 칠수록
아랫도리만 벗은 그의 숨이 가빠졌다
손톱으로 그의 얼굴을 힘껏 긁었다
피가 네 줄을 그으며 흘렀다
이것 봐라
꺾인 내 팔에 칼을 쑤셔 넣었다
난 온몸을 부들부들 떨며 둔한 비명을 질렀다
그가 코웃음 치며 뱉었다

이건 비올라라고 하지

스패너에 머리가 깨진 나를 욕실에 밀어 넣었다
그 손에 든 부엌칼의 용도가 간파되었다
타일을 흥건히 적시며 하수구로 흘러드는 피
모든 것은 하수구로 빨려들었다
둔탁한 소리로 흩어지는 내 뼈와 살들
그의 휘파람이 마비되는 나의 신경을 흔들었다
무뎌진 칼날을 갈던 그가 휴대전화로 포르노를 봤다
낮게 내지르는 신음소리 욕실 타일에 부딪혀 자꾸 웅웅거렸다
그래 이게 바로 첼로지

새로운 연주자의 이름 공개된 아침신문
현관에 버려져 있다

불개

아우, 벌겋게 피어오른 해를 삼켜버려 온몸에 불길이 솟구치면 몸속 온갖 불순함 모조리 태워버려 저 넓은 들판으로 내달려버려 살갗을 파고드는 찬바람의 연주 고막이 터지도록 들어버려

아우우, 허옇게 언 달을 갉아먹어 털끝마다 촛농 같은 이슬이 맺힐 때까지 몇 남지 않은 이파리로 부르는 나무들의 코러스 그 음률에 맞춰 으르렁 크르렁 온몸이 불타도록 춤을 춰 마른 풀숲 거친 잠자리에 지쳐 쓰러져

한때 경북 영주에서 사나운 토종견으로 대접받은 이 몸
지금은 멸종되고 이름만 남은
개, 개, 붉개
주인이라는 그들의 집이 무엇이라고
내 야성에 목줄 채우고 끝내 살까지 바치는
복종,

주인이라고? 웃기지 마라
쉬운 먹이에 코를 박고 길들여지느니

차라리 굶어 죽어버려
한 줌 흙으로 살아버려

5월, 담쟁이

처음부터 남의 담장 넘을 생각은 없었어 늘그막에 벽에 기댈 생각은 더 없었지 하지만 이게 뭐람 내 손이 덩굴손이라니, 잘려도 처박혀도 잘도 자라네 엄마 왜 이렇게 나를 심었어요 나라고 그런 씨를 심었겠니 그냥 멋모르는 바람이 들었던 게지 마냥 흰 살결 허연 대낮이 좋았는데, 손이 하얀 그 백수는 내 자궁에 자기 덩굴손을 잘라놓더라구 잘리는 덴 이골이 났다나 뭐라나 그럼 자궁을 지우고 장미라고 쓰지 그랬어요 담장에 올라 빨갛게 입방아라도 찧을 수 있잖아요 아님 아예 자본이라고 큼지막하게 쓰던지요 가느다란 덩굴손 따윈 집어치우고 강력한 빨판의 문어발을 달게 말이야

어떤 풍경화
— 꼴라쥬

성긴 올의 투박한 삼베하늘 위로
군데군데 오래된 탈지면구름
화면 아래쪽엔
낡은 청바지바다가 찢어진 채 펄럭이고
굳어 있는 배경 사이
구겨진 지폐낚싯배
은박지물고기를 부스럭대며 건져 올린다
하루를 대충 접은
빈 손
선창가 걸터앉아 맨입에 받아먹는
소주 한 병이 11월 바닷바람보다 더 맵다
꼭 올 것만 같던 비 대신
어시장 비린내에 섞여오는 검은 비닐봉지허기
쿨럭쿨럭, 반지하 단칸셋방 라면국물 냄비째 핥고 있을
때 지난 신문지 모양 어린 새끼들,
목구멍으로 하나 둘 기어나오고
어느새 등 뒤로 다가온 퍼진 라면발어둠
슬금슬금 그를 먹어치우고 있다

우울할 땐 압구정 한 알

이 도시를 이탈하고 싶어 이탈리아에 가고 싶어
난 루이비통을 사지
머리통에 불난 듯 불란서 바게트 냄새를 맡고 싶어 미치겠어
그럼 샤넬을 뿌리지

요즘 세상 신장 하나면 족해
아랫배를 가르고
구찌 핸드백을 꺼낸다 까르띠에 시계가 딸려 나온다
프라다 양가죽 부츠는 한 짝씩 끌려 나온다

명품 중에 명품인 그녀, 또 저 멀리 저머니에 가고 싶다네
썩썩 잘 드는 그 칼
헨켈 식도, 이 몸 어디를 다듬으면
시퍼런 배춧잎 같은 지폐들 푸르르 몸을 떨까

○○휴게소 변기 옆 '간 이식 오천만원 010 ○○○ ○○○○'

사랑은 지폐를 세고 너는 지폐를 사랑하고
사랑은 지폐를 또 세게 하고 멀리서 아랫배를 움켜쥔 어머

니가 우네

푸른 지폐 한 장의 그늘이 눈 밑에 앉은 어머니
아들, 아들, 하고 우네
서늘한 그늘 한 장 더 얹고 마는 아들 귀엔
아르마니, 아르마니, 하고 울리네

오랜 항해

지구 위에 돛대를 꼽아 보자구
25층 아파트도 괜찮고 63빌딩이면 더 좋지
성깔 있는 조타수 괜히 눈치 볼 것 없어
자석마냥 궤도에 달라붙어 잘도 간단 말이지
노아의 홍수를 건너
노스트라다무스 일곱 번째 달, 조금 전에야 지나쳤지
자꾸 돛대를 세워 보자구
낡은 돛대 얼른 뽑아 버리고 커다란
새 돛대를 꼽아 보자구
시어스타워도 좋고 버즈두바이면 더 좋지
갈기 세운 큰 파도 올라타고
겁나게 달려보는 거야
겨드랑이 사이 짙푸른 바다를 끼고
빙빙 상어 눈알 될 때까지
신 토악질이 날 때까지
계속 속력을 높이는 거야
먼 남십자성이 지분거리는 물결
가다랑어처럼 헤엄쳐 온 타이타닉 주제곡
뱃전을 칠 때

오래 묵은 포도주 한잔 어때?
격정에 몸을 떨다
순환의 꼭짓점에 딱,
올라 선 순간
호르르 호르르 제 살 내리는 순간
새로운 태양계가 잉태되겠지
자, 지구 위에 돛대를 꼽아 보자구
25층 아파트도 괜찮고 63빌딩이면 더 좋지
무겁다 싶을 땐 언제든 내리면 되지

전화국 전화국

앉아서 소행성으로 떠나는 은하철도를 기다린다
텅 빈 플랫폼 흰 벽면 곳곳에
꽃병처럼 놓인 상담원들
찔러도 피 한 방울은 고사하고 저 미소만 피우겠군
99번 손님 9번 창구로 나오십시오
드디어 여길 뜨는구나
고객님 올레로 하시겠습니까
찾아갈 소행성의 이름이 감감해 맞은 편 벽을 바라보는데
툭 튀어나오는 번호표처럼
내 눈 속 안드로메다로 가로지르는
이니셜 a

창구마다 북적이는 사람들, 직원들, 고성들, 서류뭉치를 들고 오가는 직원, 상사에게 결재를 맡는 직원, 직원과 직원을 오가는 손짓과 눈짓, 그 아래 수많은 전화기와 전화선, 또 전전긍긍인 사람, 사람들

모두 어디로 갔을까

저 흰 벽 뒤엔 그 모든 걸 통째로 삼킨 굵다란 전선이 소나무 숲처럼 우거져 있을까 그 그늘 아래, 그들의 기억과 손짓 담아놓은 서랍 수백 개가 서류뭉치 꼭꼭 쟁여진 종이상자들과 휘청거리며 가위 바위 보 하고 있을까 신나게 놀고 있을까

아직도 모르겠냐는 듯
상담원이 고개를 살레 흔든다
흰 벽을 바탕으로 앉은 그녀의 동공이 점점 확대된다
아, 이제 알겠어요
반짝하는 상담원의 눈동자, 그 속에
새끼손톱만한 마이크로칩
그 칩에 새겨진 이니셜 a가 깜박거리고 있다

호모 아이언, 호모 스틸, 호모 메탈

민달팽이 같은 경전철, 고막 틀어막는
대사 지나 불암 지나
지내 강서공단
신음하고 흐느끼고 울부짖는
유진철강 삼우금속 덕산엔지니어링 태창제재소
녹슨 쇠들이 탁탁 리듬에 맞춰 턱턱 춤을 춘다
뼈와 뼈들이 부딪혀 짜내는 새로운 노래

커다란 돌공을 굴리려면 커다란 지렛대가 필요하거든
돌공을 한 바퀴 굴리는데 하루가 후딱 지나가거든
활활 타는 불공을 돌고 오려면 지렛대는 더 필요하거든

쇠가 쇠를 자르고 뼈가 뼈를 달구고
산과 강을 주물러 새로운 땅을 만들어내던
창조의 원형이 고스란히 남은
신성한 붉은 녹의 거리
구릿빛 살들의 거친 호흡,
달팽이관 깊숙이 더운 혓바닥을 밀어 넣는다

쿵쿵 심장이 뛰는 기계들의 아우성

아, 생의 마스터베이션

날아라 뚜껑

막 끓어 넘치고 있었지
손톱 밑까지 팔팔 끓는 나,
투명 랩에 싸인 빵빵한 반죽처럼
부풀어 부풀어
새끼치기 시작한 시큼한 생각들
금방 토할 것 같아

입 속의 혀는 새의 부리, 긴 뱀의 껍질, 미끄덩한 남근
구월산 큰 소나무만한 걸 목구멍에 심더라구
들러붙은 가래침같이 울렁울렁 현기증이 나네
어쩔 수 없이
탁자 모서리에 양손을 심어버렸지

막 고소해지더라구
키득키득 거리는 맥주거품에
발발 떨어대는 오징어 다리 사이
튀어 오르는
까칠한 말의 돌기들
튀밥처럼 허연 거품을 물고 발딱 일어서는 거라

먼 길을 달려오신 진흙신발의 내 어머니
사십 년도 한참 넘은 누리끼리한 양은냄비에
효모 한 주먹을 집어넣으신 거라

딱딱하고 각진 이 순간
뜯어먹을 수도 없는 바로 지금
빠사삭!
어금니가 힘을 실네

훌라당 벗어던져!
한여름 뽕브라 같은
이 뚜껑,

경계

단지
살이 탱탱한 포도알처럼 입 안에서
뱅그르르 도는 말
그만 돌리고
한번 씹어보자는 것인데
좀 까먹어보자는 것뿐인데
말 까지 말라니

단지
흘러내리는 시간 속에
맨발을 담그고
어쩌다 발가락 사이 꼬물꼬물 빠져나가는
송사리 같은 말
쳐다보며 까르르 웃자는 것인데
가깝게 당겨 앉자는 것뿐인데
햐, 말 까지 말라니

예리하게 빛나는 송곳니
치켜세워

나와 저 사이
단단한 철책이라도 박고 싶은 걸까
오래전 어금니에 함몰된
어느 연약한 짐승의 뼈라도 기억났던 걸까

그래, 어디 한번 물어봐라
물컹한 살덩이에 감춰진 이 뾰족한 중심 물어뜯어라
꺾을 줄 모르는 뼈마디마다 선명한 네 이빨자국 찍어라

버스 정류소
"57번 여기 서나?"
그 한마디
어떤 자음이 본능의 살가죽에 날카로이 꽂혀
둥근 눈을 뾰족하게 말아 세웠을까
어느 모음을 손톱으로 할퀴어
비린 야생의 냄새를 맡았던 걸까
낯익은 학생

중앙동 비둘기

시멘트 바닥에 몸을 누인 지 석 달
살이 썩어들었지

심장을 쪼아 먹던 바람이 그나마 식은 죽지를 간간이 흔들어 깨웠어
매연에 코끝을 덥히며 간판불빛에 등 쪼이던
달콤한 캐러멜 같은 거
내 이빨과 네 입술의 구별 없던
진열대 파파야 향 같은 거
그런 것들만 나를 떠나지 못하고 간신히 붙어있었지
처음 이 도시의 전깃줄에 앉아 찾아들 빌딩숲을 올려다보았어
커다란 목구멍 속에 번쩍거리는 콘크리트 이빨들
접거나 펴거나 매한가지인
우리, 가난한 부리를 비비며 빌딩숲으로 몸을 던졌지
콘크리트나무마다 열린 형광불빛을 부지런히 쪼며
시멘트 가지 깊숙이 둥지를 틀었는데
믿었던 친구의 보증 한 번으로 쫓겨나고 만 거야
아, 노래 한번 제대로 부르지 못한 이대로
날개를 접을 순 없다고

부리가 닳도록 카바레로 노래방으로 달달한 조명을 쪼아댔는데
결국 이 난간에 주저앉고 말았지

동남빌딩 삼층 비상문을 열었는데
낡은 건물의 난간에 비둘기들이 둘씩, 둘씩
웅크려 겨울을 나고 있었다
제일 가까운 난간의 비둘기, 깃털만 남은 제 짝을 지키고 있다
뜻밖에 나를 몽롱한 눈으로 바라보았다
달아나지 않는 그 눈동자 속엔 심장을 파 먹힌 도시의 그늘
가만히 누워있었다

온수를 틀면

이제야 수도꼭지에 녹진한 온기가 몰려온다
모래먼지가 바오밥나무 우듬지까지 자라는 태양 속으로
허기진 암사자 무리가 몰려온다
새끼사자들만 남기고 온 사냥
말라죽은 짐승의 뼈가 음울한 송가를 연주한다
암사자의 마른 몸은 물이 돌지 않는 보일러처럼 가쁘고
나는 데워진 수돗물을 두 손 가득 받는다
어린 톰슨가젤마저 놓친 어미사자의 저녁
기진한 새끼들 울음 흘러들고, 돌아가기엔 이미 늦은 어미사자도 운다
내 두 손에 비누칠을 하고 거품을 듬뿍 내는 동안
가시덤불 아래 몸을 뉘인 암사자, 혼신으로 자신의 눈동자를 켜본다
남은 힘껏 새끼사자를 부르는 울음이 뜨거워지고
나는 뜨거워진 수돗물에 세수를 시원스레 한다
문득, 텔레비전의 암사자가 궁금하다
새끼사자와 더운 젖이 더 궁금하다
내 손을 데우기 위해 흘려버린
한 바가지의 물

하천을 지나 바다를 건너

저 먼 아프리카 초원의 구름 한 조각

수도배관을 타고 꺼져가는 어미사자의 뜨거운 울음 그렁그렁 떨어진다

2부

저승꽃

어찌 그냥 갈 수 있다냐 사람이 염치가 있어야제,

김예분 할머니는 반듯이 이불 속에 누워 있었다 머리맡 요강도 깨끗이 비워진 그대로였다 이장이 역한 냄새에 코를 쥐고 창문을 열자 벽에 걸린 꽃무늬 고쟁이가 팔랑거렸다 나비가 내려앉듯 환한 햇살 속고쟁이 꽃살에 반가운 빰을 부볐다 복지사가 헐레벌떡 뛰어와 아들의 연락처를 말했다 전화는 손길 끊어진 지 오래된 듯 차가웠다 수화기 속에서 김 할머니 아들은 이상하게 울었다 뚜―뚜―뚜― 집은 할머니처럼 허리가 굽어 얼른 지팡이를 쥐어줘야 할듯한데 마당은 정갈했다 담장 밑에 초롱꽃이 대낮에 푸른 조등을 켜고 상주 대신 울었다 살며시 포갠 두 손엔 검푸른 꽃이 활짝 피어 꽃다발을 든 주검, 수습한 뒤 툇마루 한쪽에 놓인 보따리를 이장이 발견했다 평소 두르던 연분홍 목수건엔 말린 고사리와 말린 곰취 참깨 들깨가 음전하게 들어있었다 이장은 복지사에게 건넸다 복지사는 염치없다고 밀어냈다 나도 마찬가지라며 이장은 아들의 주소를 물었다

죽어(竹語)

여기에 뼈를 묻겠다
계절의 끝에 다다르면
그 뼈에 돋아나는 푸른 싹을
한 마디 한 마디 작은 혀로 새기는 고운 결을
볼 수 있을까

안데스산맥 인디오는 사랑하는 이가 죽으면 그 뼈로 피리를 만든다는데 생시의 사람과 말을 주고받듯 뼈마디에 입술을 대고 온몸이 비워질 때까지 분다는데 그 음률에 별들이 떨어지고 한밤중에 해가 솟아 달과 오랫동안 입을 맞춘다는데

할아버지와 아버지와 우리의 어머니가 뼈를 묻은 곳
나의 육골
만주 벌판에서 아우내장터를 거쳐
아직도 내 혀에 맴돌고 있는
결기의 말
깎고 또 깎는 뼈의 말
그 말들
죽어라고 쓰겠다

자신을 벼리던 바람과 덜 여문 생각에 찬물 끼얹던 소나기
밤이면 이파리에 가늘게 손을 얹던 달빛까지
몸 안에 재워 삭히는 대나무
일생 딱 한 번
비워진 제 속을 뒤집어 가지에 내걸고 나서 말라죽는다
그것을 대나무꽃이라고들 하는데
아니지
외마디에 전생(全生)을 담은 절대 함축의 언어
뼈에 새긴 시

꽃 피는데 비

가랑이 벌리고 걷는

흰 원피스 입고 비를 맞는

저기 백목련

젖은 가지 위에 도드라지는 젖, 젖꼭지들

젊은 며느리가 급히 들어섰네 자지러지는 어린애를 당겨 안았네 어린애를 달래던 시아버지 팽하니 아랫목에 드러눕네 돌아앉은 젊은 며느리 땀 젖은 저고리를 서둘러 끄르네 그- 그런데 저 젖, 저 통통 불은 젖꼭지, 어린애보다 먼저 시아버지 물고 말았네 후다닥 뛰쳐나간 젊은 며느리 아궁이에 불을 지피네 연신 눈가를 훔치고 있네

바깥마당엔 목련의 젖빛 봉오리

그 옆에 마른 대추나무

괜찮아

봄, 봄이니까

오, 자귀꽃

살살 녹을 거라, 달달할 거라 생각한다면
혀끝 먼저 대 봐
촉촉 젖어드는 네 가슴
발랑발랑 심장 터질지 몰라
옥수수수수염 될지도 몰라
반반한 햇살이 전부인 몸
오락가락 치근대는 빗줄기야
너무 쉽다고는 마
함부로 눕는다고는 마
보드라운 숨결에 네 목이 베일지도 몰라
애간장을 쥐고 천천히 핥을지도 몰라
한 사람만
오직 한 사람만을 위해
솜사탕처럼 녹아내린
담장과 어머니와 처녀의 경계
달달한 인생을
팽팽 도는 붉음을
-준비하시고 쏘세요
징그럽도록 달아오른 네 눈에

착 달라붙는 혀,
밤마다 푸른 비늘을 오므려 갈은 칼이지
몰랐지?
꽃이 아니라
뱀이라는
오, 작위 작위꽃

혜진이꽃 예슬이꽃 피었습니다

부신 햇살이 머리카락처럼 길어
창을 낸 마룻바닥을 엉금엉금 기어오는데
키 작은 시크라멘 여린 입술 뾰족이 내밀었네
탱탱 차오른 햇살
돌돌 말아 순한 입술에 담빡 물리네

꿀떡꿀떡 마냥 신나
재잘재잘 우리들 세상이야

한 모금에 가슴이 봉긋
한 모금에 입술이 불긋
어, 커다란 파키라 그림자를 자꾸 늘이네
환한 대낮인데 파키라 자꾸만 다가서네
한순간
봄이라고 창 한번 열었을 뿐인데
긴 혀 그 달콤한 바람에 잠시 떠밀렸을 뿐인데
길들이 고부라지고 푸른 하늘이 휘청,

엄마, 어디 있어

보고 싶어 엄마아

파키라 검은 손가락 사이
시크라멘 피 붉은 모가지가

아무것도 모르는
아무것도 아닌 사람들 속에
자꾸만 자라나는 검은 손가락
지금도 연한 모가지가
궁금해

붉은 동백 붉은 동주

흰 종이와 나와 먼데 사는 별의 사이가
천원에 두 알 하는 진통제와
같은 값일 때
날 세운 감각
한입에 털어 넣고
예민한 젖꼭지 같은 곳
사정없이 물어뜯어 봐
하늘과 바람과 별과 젖은 나
노오란 꽃술처럼 피어난 후쿠오카 알전구 아래
별똥별처럼 떨어지잖아
뼛속이 다 환해지잖아
시들어지지 못한 채 굳어 버린
곤달걀 같은 젊음
깊숙이 들어앉아
벌건 상처에 핀 고름을 짜낼 때마다
제대로 피어나는 거라
마른 날개를 부스럭거리며 힘을 주는 거라
실핏줄 땡기는 눈꺼풀 파르르 떨며
피똥이라도 싸는 거라

십자가에 모가지를 드리우고서야
꽃처럼 피었더란 말이지
툭툭 떨어트린 모가지
겨우 한 바닥 붉은 종이란 말이지

큰길 건너 맨드라미

재 너머 큰댁에 잔치가 있었제 맨드라미가 닭벼슬맹키 볼그족족하고 동네 꼬맹이들 어른 가랑이 사이로 구경하느라 모가지가 빠졌지 살째기 더울 때라 다들 갑사깨끼를 해 입고는 문지방 넘을 때마다 쓰르라미 울음소릴 내는 기 우째 그리 재미나던 동 한바탕 큰 손을 치르고는 바가지에 밥 한 술 비비고 있는데 큰집 성님이 오시더구나 아나, 한 삼 년 된 기다! 달큼쌉싸리한 게 투박한 남정네 손길맨치로 맨가슴을 쓸어내리는 복분자 한 사발 쉬엄쉬엄 다 마셔뿌고마

해 지기 전에 얼른 가라는 성님의 그림자를 휘청휘청 밟으며 구불구불 산길을 넘는데 오줌보가 커다란 박같이 차오르는 기라 아차차, 상수리 밑동에다 대고 길게 물길을 내던 중 깜빡한 기 아이가, 퍼뜩 눈을 떴을 적에 허연 뱀 한 마리가 내 가랭이 속으로 들어오고 있는 기라 어매 첫날밤맹키로 심장이 파드득파드득 날갯짓을 해 잠시 상수리 둥치를 기대앉았는데 하얗게 질린 이른 달이 집 쪽에 걸려 있더라 바람을 타고 나간 서방 같기도 빈방에 누워만 있는 시어매 같기도,

사월 초파일을 앞둔 큰 장날이었제 메주콩처럼 눈물에 자꾸

만 불어 천근만근 비릿한 몸이었디다 열 달 꽉 차오른 배를 안고 신작로를 걸어가다 고마 사람들 손가락질 앞에 떡하니 가랭이를 벌리고 큰길을 낳았다아이가 큰 우세 났다고 시어매는 금줄도 못 치게 하더마는 내사 속이 시원하고 웃음이 실실 나드라 인자 길이 환하다아이가 참말로 내 길 아니었나 네가 어디에 있든지 나는 언제나 너를 향해 걸었으니 말이다

엔젤트럼펫 1

지독한 터널

목통을 주둥이 밖으로 토할 때
폭죽을 터트리는 비명

유달리 목이 긴 그녀가
변기에 고갤 처박고 똥물을 게우네
오그라붙은 간이니 심장 따위를 올칵올칵 쏟아내네
한밤중 나팔이 된 그녀가
변기에 떠내려가네
울음이 샛노랗게 핀
모가질 아래로 꺾고 동동 떠내려가네

비틀린 나팔관으로 무수히 머릴 디밀던
닫힌 꽃문에 받혀 목이 꺾이던
정충들처럼
제소리도 나지 않는 나팔을 꺽 꺼억 부는데

지옥과 천국

그 사이가 이리 깊던가
출구를 찾지 못한 소리가 퉁퉁 불었네

목이 긴 배뇨관에 오종종 모인 노오란 비명들
중환자실 변기 속에서 왈칵 쏟아지는 꽃들

참으로 긴 꽃대궁 활짝 폈네

엔젤트럼펫 2

내 길은 언제나 컴컴해
펠리컨의 아랫부리처럼 깊어
지옥문 앞에 서야만 들린다는 아기천사 나팔소리
깊은 대궁에 빠져 웅얼거려
나를 놓친 자궁
자궁을 놓친 아이
너무 깊어
결코 씨를 품을 수 없는 밭이라니
내 팔을 자르고 다리마저 꺾어줄래
닫힌 천당문 앞에 울타리처럼 심어줄래
아이 없는 삶,
그 소리의 허공 보여줄게
빈 자궁에서 거친 손모가지가 자라고 욕지기가 자라나
커다란 혹성이 된다면
빨간 장미를 쫒아간 어린왕자가 나를 찾아올까
긴 대궁을 따라 팥죽 같은 어둠을 훌훌 저으며 내게로 올까
부어오른 나팔관을 토옥, 터트려
치켜 올린 입꼬리
어두운 내 골목에 환한 전등 켜줄까

여기 장미 한 송이 떨어져 있네

가만히 보니 머리통이 깨져 있네
붉은 향기가 진동하네
담장 밖으로 목을 뺀
오글오글한
장미 수십 송이
이파리 하나 뛰어오질 않네
문자메시지 하나 달랑거리지 않네
웅성거리지도
수런거리지도 않는
대낮
코가 뭉개진 장미를 안고 백지 위에 누웠네
여전히 붉은 향기는
가시보다 더 아픈데
15층 창문 아래 쪼그려 울고 있는 장미 한 송이
가만히 안고 누워보네
가만히 마른 젖을 물려보네

모란이 활짝

초등학교 때 보고 처음이야 깜짝 놀랐지 붉은 실크 자르르 휘감은 몸 금목걸이 금팔찌에 아찔한 향수라니 영락없는 귀부인 멀찍이서 지켜보았지 이름까지 바꿨다길래 필시 사연이 있을 거라 한두 잔 술이 돌고 커다랗게 입을 벌리고 웃어제끼는 네 눈도 돌았지 불현듯 금니가 다부지게 박힌 번쩍거리는 입을 들여다보고 싶어졌어 짙은 향기에 빨려들 듯 너의 웃음 앞에 바짝 얼굴이 디밀고 앉았는데 네 밑을 흐르는 깊은 곤궁의 냄새, 설마 하는데 취했던지 일어서다 넘어지는 네 치마 속을 보고 말았지 어쩐지 치마가 길다 했더니 가랑이에서 도망치던 검붉은 피멍이 허벅지에 주저앉아있었어 때마침 핸드폰이 울었고 액정에 띄워진 커다란 시계를 보자마자 넌 기겁을 하며 냅다 핸드백 머리채를 잡아채고 뛰었지 반쯤 얼빠진 가방에서 때묻은 화장지니 다 닳은 립스틱이 떨고 있는 애들 마냥 떨어졌어

벚꽃여자

볼록볼록 돋아나는 눈물
가는 핏줄기마다 자꾸 알을 스는데
구석구석 주머니모양 자라고 있는데
젖몸살처럼 꽉 차오른
내 빗장을 열어 봐
갈비뼈 사이
쇄골 사이
막 끓인 호박죽처럼 부드럽고 뜨거운 당신
손 집어넣어 봐
연분홍 꼭지에 또옥 똑 새어나오는 핏물
미처 팔아치우지 못한 누런 결혼반지 꺼내듯
조용조용 서둘지 말고 짜 봐
남은 거라곤 눈물뿐이었는데
다 준다잖아
볼 살이 패이도록 커다랗게 웃으며 준다잖아
붉음이 농하면 마구 터져버리나 봐
하얗게 번져
봄날 가득 햇살 환한 틀니를 드러낸
그녀 좀 봐

저 꽃이 흡혈의 흔적이라면

물방울 톡톡 튀는
첫 몸을 빼앗긴 순간
육골은 마르기 시작했지
귓불에 목덜미에 젖무덤으로
시퍼런 이빨자국 나기 전까지
내 몸엔 연어 거슬러 오르는 소리 들려왔었지
바알간 숯덩이처럼 알알이 익고 있었지
데인 듯 뜨거워서
몸뚱아리 자꾸 부풀어서
터진 풍선껌처럼 네 입술에 들러붙고 말았을 때
닿은 몸마다 돋아나는
연분홍 생식흡반
온 피가 한꺼번에 거꾸로 쏠리는
기막히게 오른 절정
나를 버려도 좋아
이대로 죽어도 좋아

살갗을 파고드는 붉은 꽃잎,
또옥 똑 꺾어

닦을수록 윤이 나는 기억에 담아두겠어

네게 물린 기억으로
일체가 되어버린
격렬한 그리움의 이빨자국
푸들푸들 간지러움 도는 새살 내밀어
푸른 알을 자꾸 달아보네

발음(發淫)에 관하여

섹스는 '색쓰'라고 읽어야 마땅하다

담장 밖을 지나는 굵은 목소리가 습습해지고
창밖 새들이 지국지국 울어댈 즈음

나는 '젓다'를 '젖다'라고 읽는다

봉숭아물 빨갛게 들인 손톱으로
자꾸 가려운 젖꼭지 꽃물 들일 즈음

'시름에 빠지다'를 '신음에 빠지다'로 읽는다

저 바람에는 이파리들 소리 없이 떨어져 내린 그늘이 있어
귀가 촉촉해지는 습기 마시고 계절 한 장 접혀지고 있어
단단한 심결에 아릿한 촉이 오르고 있어

동백, 이제야 오래된 고독의 맛을 쓴다
석 달 열흘 끌어안고만 있는 허공의 등에
꽃물 터지는 손톱 세워
절절 끓는 제 색 쓰다

3부

11월

막 한 무리의 야생마가 달려 나간 터
박차로 단 푸른 잎사귀들
누런 흙먼지 바람을 일으켜 앉혔다
상기된 얼굴과 마른기침으로
군데군데 일렁이는 산, 산은
풀숲 아무데서나 몸을 섞는 말 탄 바람과 푸른 햇살
그 야생의 결을 손바닥 안으로 밀어 넣는다
숨이 큰 자들만 펴볼 수 있는
아주 오래 묵은 패
그 패를 엎어놓고 눈을 감는다

붉은 해를 굴리며 한참을 궁리하는 시간
가벼워진 그늘을 만지작거린다
어떤 패에도 꿈쩍하지 않을 산, 산을
읽으려 남은 잎사귀를 거두기로 한다
산의 갈빗대 사이 숨어 자는 곰과 봉우리에 송곳니 가는 멧돼지와
밟아도 자라고 뜯어먹어도 자라는 풀들
그 질긴 숨통을 단번에 끊을 눈부신 서릿발
슬며시 쪼아본다

K

기억의 이니셜이다

띠 동갑 연상인 K, 모르는 곳이 없다
모르는 노래 가사가 없다
와우, 모르는 사람도 없다
그의 눈을 들여다보고 있으면 팽창한 전두엽에서 꽉꽉 채워지고 있는
저장고가 보인다
문을 열면 와르르 쏟아질 것만 같은 기억들
그 파편까지 가지런히 정리하고도 남을 민첩한 K의 눈길

착각이었어
한 조각의 기억도 놓치지 않으려 안간힘을 썼던 거지,
그것이 가진 전부이므로
골목을 돌고 돌아도 골목만 나오는 삶
이 길을 기억해둬, 꼭 기억해야만 돼
왜냐고 다시 돌아나갈 거니까
적자생존
기린의 목처럼 길어지고 있는

K의 기억

긴 노랫말 하나도 틀리지 않고 열창하는 늦은 술자리
목젖 열어젖히는
생의 허기들,
꽉 차오른 취기 열고 밤하늘 깊숙이 손을 집어넣어 본다
팽팽하게 잘 구워진 달
열어젖힌 그의 목젖에 물려주고 싶어 조금 울었다

파랗거나 노랗거나

문득 신앙이 떠올랐다

신부의 손가락 끝을 타고 내리는 그 서늘함과
이마에 떨어지는 몇 방울의 물
일요일마다 부리나케 교회로 모이는 신도들
그 두툼한 성경책

섭씨 삼십사도 안평동의 팔월
파랗고 노란 물탱크 이고 언덕을 오르고 있는 낡은 주택들

어느 집에나
절대적인

누구에게나
미온적인

목에 걸린 무화과거나 뱀에 쫓기는 뒤꿈치거나
새파랗게 또는 샛노랗게 질리거나

받아들일 수밖에 없는

저 무서운 무게
그 생경한 빛깔들

피아노 연주회

슬슬 모래를 털고 나오는 사막의 전갈이면 좋겠어 기다란 꼬리면 더 좋겠어 지루하거나 지겹지는 않게 내 혓바닥 하나하나 짚어 세어준다면 여든여덟 개의 떨리는 신음으로 기꺼이 답해주겠어 격정적인 순간마다 세 개뿐인 내 발가락에 네 보드라운 발바닥을 얹어줘 자 검은 드레스를 살짝 들고 안단테 안단테 모데라토

길게 펼친 내 혀 안에 너의 흰 손가락을 말아 넣으면 무슨 소리가 날까 마디마디 잘록한 네 허리를 잡아 당기면 너는 뭐라고 외칠까 도르르, 미미해, 시시해, 파라락, 허공에 검은머리 물떼새 날개를 펼쳐 날아오르면 우리는 또 무슨 비명을 지를까

슬슬 꼬리를 치켜드는 너는 전갈, 파르르 떨리는 것 좀 봐 탱탱하게 긴장된 열 개의 흰 꼬리침, 휘어진 꼬리에 몰입되는 이 짜릿함, 바로 지금이야 클라이맥스잖아 내 날름거리는 허연 혓바닥을 잽싸게 물어줘 네 독에 취해 듬성듬성 뽑힌 서른여섯 개의 검은 이빨로 허공으로 도망치는 새들의 모가지를 모조리 물어뜯을게

당신의 웃음

유리벽에 백 년은 걸어놓아요
여우코트가 오요요 목젖을 드러낼 때까지
양가죽구두에 솟은 뿔이 돌돌 말릴 때까지
그러니까, 모네가 해종일 연못가에서 그린 수련꽃에는
식은 빵과 우유 한 컵이 들어있어요
베토벤 교향곡의 리듬과 리듬 사이
귓속을 헤집던 난잡한 소음, 죽순처럼 돋아있지요
접혔다 열렸다 하는 매순간
고니들 노니는 고요한 수면 아래
안간힘으로 휘젓는 물갈퀴처럼
천천히 짓는 미소 너머 털북숭이 귀가 자라고
눈초리가 예민하게 찢어지는 당신
어금니로 지그시 누르고 있는 뒤틀린 배알
시원스레 토하고 싶어 죽겠죠?
여전히 소리 없이 웃고 있네요
바닥을 드러내면 프로가 아니죠
카페 유리벽에 전시된 당신의 가죽
당신의 입에 알맞게 찢어졌네요
오래되어 편안해 보여요
너무 편안해 심장이 뛰질 않아요

베토벤바이러스

코끝에 앉은 말랑말랑한 공기가 견디기 힘들다면 주저하지 말고 옷을 벗어 봐 처음이라는 듯 알몸을 모로 세우고 엄지발가락 꼬물꼬물 파고드는 두려움의 길 따윈 이젠 접어 버려 남은 네 개의 발가락 위로 가지런히 시선을 떨어뜨려 봐 팅팅 소리가 나게 묶어 봐 너의 뒤로 와서 안는 내 몸이 차갑다면 아주 조금은 떨어도 좋지 나의 손길이 스치는 살결의 무늬에 따라 첼로처럼 울어 봐 서 있는 것이 어색하다면 누워도 좋지 내 목에 목도리인 양 안겨 바이올린처럼 울어 봐 너를 읽는 내가 가빠지잖아 포르테 포르티시모 프레스토

바삭하게 구운 햇살이 배를 깔고 누운 11월 오후란 말야 귓불에 맞닿은 허공이 말이야 흘러내리는 바람의 머리카락 사이로 손가락 집어넣어 만지는 체취란 말야 발가벗은 내 영혼에 소소히 소름이 서리처럼 앉으면 도드라진 실핏줄 여든여덟 개만 묶어 봐 발목을 당기면 낮은 레로 웃고 손목을 잡으면 파 하고 웃겠어 내 혀가 내는 소리에 너조차 여든여덟 개의 이빨을 열고 웃어제끼는 순간은 말이야 가장 완벽한 피아니스트의 연주이거든

커다란 나무일수록 딱딱한 껍질 속에 부드러운 속살이 맨발로 춤추고 있음을 너는 알까 아주 부드러운 혀로만 조율되는 내 커다란 호두나무피아노, 주저 말고 너를 벗어 봐

가장 뜨거운 씨앗

내 말에 심지가 느껴지십니까
그럼 불을 붙이세요
백열등을 켠 당신의 눈동자에
활활 타오르는 나, 바짝바짝 혀부터 마르네요
언제 가슴 밑바닥을 헤집었나요
벼린 이빨 사이 야무지게 장전한 16연발탄
서로의 급소에 맞춤인 걸요
햇살이 머릴 박으며 뛰어드는 당신의 단도
잽싸게 내 머릿속을 갈가리 찢어놓자
꼬리에 불붙은 양 날뛰는
짐승 한 마리
벌겋게 달군 긴 혀로 당신의 목을 휘감아 절벽 아래로 내던졌어요
악착같은 당신도 질세라
날 선 혀 안에서 서슬 퍼런 기관총을 마구 쏘아 올렸죠
웃을까 말까 하던 당신과 나의 관계,
확실하게 찢어져 버린 거죠
악!
떨어진 살점들이 사이렌처럼 울고 꺽인 팔다리가 구급차를

부르네요
　—뻣뻣하게 굳은 혀를 절단해야 합니다 피가 엉긴 시간들도
잘라내야 합니다
　날콩 같은 비린 물내가 두 볼을 타고 흘러요
　낭자한 말의 탄피 속에 우두커니 서 있는
　당신 손바닥 위
　미안해,
　그 작고도 여린 씨앗 한 알
　이제 떨어뜨릴까 해요

뱀장어스튜

새로운 요리법 하나 소개하죠
만만치는 않을 겁니다
자, 소매부터 걷어 볼까요
일단 오르고 싶은 산 앞에 서세요
그런 다음 뚜껑을 열어
빼곡히 들어찬 비늘 같은 나뭇잎들
측선물결운동으로 기어오르는 길에 자신을
집어넣으세요
꼬불꼬불 길을 따라 몸을 풀면 늑골 사이 호흡이 아코디언
연주를 할 겁니다
슬슬 온도를 올려주세요
아마 당신의 비등점에서 요동을 치게 될 겁니다 이때
참으세요
참아야만 다음 단계로 넘어갈 수 있답니다
그 다음부터는 온도를 중불로 낮춰 뭉근하게 끓이는 거지요
가끔 벌깨덩굴 향초롱 솔솔 뿌려 넣고
저만치 쪼르르 달려가다 돌아보는 청설모 맑은 눈도
집어넣으세요
메제비꽃이 작은 소리로 부르면 언제든 달려가서

땀구멍 숨구멍 다 열어놓고
끌어안아주세요
당신이 담긴 모든 것들과 교통하게 될 때
비워지고 없는 나, 비로소 느낄 겁니다
딸그락달그락
수다스런 냄비뚜껑 사이로 퍼지는
구수한 당신의
맛,
한번 느껴보세요

불러오기

무지하게 더운 날
히말라야 마나슬루봉에 앉아 시원하게 오줌 한번 누고 싶네요
천년만년 감지 않은 머리 뜨끈하게 감겨주려고요
아이 좋아라
어린아이처럼 폴짝거리는 히말라야 너무 보고 싶은 거 있죠
눈을 가늘게 모으니 작은 그림 속에 갇힌 설산 배를 엎드린 채
봅슬레이 타고 초고속으로 내려와요
사방 벽들 가파른 능선으로 무너지며 그의 숨찬 입김 속
떡가루가 폴폴 나려선 곱게 줄지어 전깃줄에 앉지요
참새가 까딱거리듯 재던 눈덩이들 포르르 땅 위에 내려앉아
재잘대는 소리가 들려요 그 소리들 길게 늘어진
하루를 잡아먹어요
나를 잡아먹어요
배를 퉁퉁 두드리며 돌아가는 설산이 보이나요
사라진 내가 눈 내리는 작은 그림 속에서 웃고 있나요
이제 오줌 한번 기차게 누어 볼래요
아하, 빙그레 웃는 히말라야가 보이네요
자, 포크를 세워 히말라야 정수리를 콱 찍을 거예요
거꾸로 든 히말라야

가장자리부터 야금야금 베어 먹는 거죠
앒니가 시큰하니 그토록 단단하던 산
싸아하니 목구멍으로 넘어가는 순간
히말라야와 한 몸이 되는 순간

달의 또 다른 비유

혹, 똑딱단추를 아십니까
어긋나기만 하는 길들이 접히는 골목어귀
엄마 젖꼭지처럼
옹이처럼
단단한 어둠을 물고 선
아주 키가 큰 가로등 말이지요
쉭, 쉭 뜨거운 호흡이 가슴팍을 가로질러
다문 어금니 사이로 내처 달릴 때까지
산다는 거요
허공이 내 몸을 공처럼 오래도록 통통 쳤다는 거
모난 길이 나를 뱉었다 씹었다 했다는 거
얼마나 더 굴러야
밤마다 끌러놓은 허물에 꼭 맞게 여물어져
이 어둠 한 벌 벗을 수 있을까요
골목어귀나 담배포나 휘청거리며 길게 뱉는 오줌을
가뿐히 담을 수 있을까요
아직은 겹이 많은 몸이라
딱, 소리 나게 전부를 밀어넣지 못했네요
긴 미루나무 끝에 걸린 그리운 이의 눈동자

소리 없이 닳아가네요
곧 보름이죠
이우는 아픔이 가장 도드라지는
세상 어둠에 딱 들어맞는
혹시, 똑딱단추를 아십니까

가장 강력한 접착제

막, 바다에서 건져 올린 해
연약한 부리에 물고 산등성이 너머로 숨기는
저 새의
힘

땅땅, 제 몸에 못을 친 목련
보얀 알몸을 걸어
속 부신 깃발이 되고야 마는
힘

아직은 시려
열어두지 못한 창 너머 베란다
환장하게 피어난 철쭉
따라 실실 웃을 수밖에 없는
힘

수맥을 찾아
끝없이 길을 나선
막막한 지난 시간 도르르 말아

하늘님 야윈 손가락에
노오란 가락지 기꺼이 되는 구례 산동마을 산수유
그 힘

봄이다

전라도 만담

아니 어쩔라고 그런다냐 아직은 때가 아니라고 다들 아랫도리 빳빳이 힘주고 섰는디 그것도 길간디 말이여 넘들 뻔히 보는디서 팍 나자빠져 있으면 워쩌냐고 뒷집할매 말마따나 비도 서푼어치베끼 안왔는디 그까짓것 갖고 자빠진다냐 아무래도 안되것다잉 시방 내가 가갔꼬 인타부 조까 해봐야 쓰것네

아 내 맴이여 왜 근디야 자빠지고 싶어 자빠졌당께 집이도 여그서 자빠져 있어봐 질가 코스모스덜 빤도롬히 서갔꼬 냄시를 살살 풍기쌋제 한나절에도 몇 번이나 꼭지다방 김매담이 그 쪼간 오토바이에 함지박만한 궁뎅이를 걸치고는 젖통을 덜그럭덜그럭 연지 삘게 갓꼬 댕기쌋제 자빠져 있을 만허당게

아따 참말로 질도 여럿질인게 허고잪은대로 혀봐 이 몸은 구경 조까 헐라네 그나저나 이장댁 허리 조까 아프겄네잉 자네 아랫도리 작신 분지를라면 말여 아까 오토바이 타고 지나가면서 그러는디 오늘내일 중으로 때도 모르고 자빠져있는 것들 아랫도리 치러온다하니께 인자 김매담 궁둥짝 어지간히 쳐다보드라고

어따메 겁나부리네잉 자네나 나나 가기는 매한가지 아닌개벼 내가 자빠져있어도 볼태기에 살이 도도록 올랐잖여 자네 손으로 한번 훑어봐 나락알갱이가 한 웅큼이당께 이 몸으로 말이여 김이장 막내놈꺼정 실컷 먹일 참이여 그러는 자네는 날마다 달마다 시인가 거시긴가 쓴답시고 온천지로 쏘댕김시롱 일일이 참견인디 그래 그 성한 몸으로 시는 제대로 맺어봤는가 아님, 씨라도 제대로 맺어봤는가

고흐가 빛나는 밤

노오란 테라스에 앉아 볼 일이다
달맞이꽃처럼 푸른 밤공기 헤엄치다 웃으면
그냥 꽃이 되는
늦은 열시 FM 라디오 들어 볼 일이다
귓속 골방
별밤지기들 밤마다 가스등 켜는 소리
하얗게 피어나는 별에 노란 고명 얹는 소리
양배추처럼 꽉 찬 태양
해바라기 지니아 그리고 사이프러스
알아, 노랗게 삭은 외로움 꾸욱 짜내고 싶은 거
압생트에 취해 흐느적흐느적 노랠 부르는 수목들
빰빠라 빠암
경적 울리며 빠르게 지나가는 별 달아주고 싶은 거
별꽃이요 별꽃
달꽃도 있어요
수풀 사이 오려 낸 왼쪽 귀가 한 줌 남은 시간을 파는
고흐의 정원
몇 송이 별 피어나 분주한 밤
한 다발의 눈빛 총총한 이들 꺾어 테라스에 꽂는 밤

써지지 않는 봄

풋사과처럼 시린 햇발들이 무작정 뛰어드는데
몸 달은 산엔 열꽃처럼 산벚꽃 희희낙락하는데
편지함엔 세금고지서 잔뜩 끼었네
내 일상에 오징어먹물구름 잔뜩 끼네
아들 녀석 책가방 내동댕이치자마자
비싼 장난감에 목을 매네
헐한 남편 오늘도 술과 대담한다 하네
열 좀 식힐 겸
커피 한 잔 탔는데 설탕 대신 소금이라네
이제 그만
밖은 연해진 것들, 고 앙증맞은 것들
세상을 보드랍게 물들이고 있어
아직은 움츠린 산자락, 산까치 한 쌍 이리저리 펴느라 분주한데
참제비 물고 온 갯내음, 볼 부운 하늘 단속곳이 금세 바람 드는데
나를 물들여 봐
묽어진 내 중심을 콕 찔러 봐
연하디 연한 풀빛 꾹꾹 눌러
희미한 봄이라도 써보게

산을 들다

발부리에 닿는 풀잎의 소곤거림이
마른 귀를 적셔 닦아내는 아침
휘파람새가 새 노랠 연습하고 있어요 라, 라, 라
경쾌한 리듬을 타고
소나무가 고갤 까딱거리면
촘촘하게 내리는 햇살
굴참나무 허릴 껴안고 원스텝 투스텝
가빠진 호흡에서 산소가 퐁퐁 솟지요
휘파람새 노래에 아침이 조금 늦었나요
산자락을 두른 갈퀴현호색 서둘러 파란 불꽃을 지피네요
어머, 조팝나무들 금세 호르르 끓어 하얀 밥물
질금질금 넘치고 있어요
벌써 출출 하시나요
산발머리 할미꽃이 접힌 허릴 끄르고
이파리에 맺힌 이슬방울 한 사발 시원하게 들이켜요
슬슬 산등성이 오르는
이 구수한 냄새 라, 라, 라
골짜기를 한 바퀴 돌고 오는 휘파람새 메아리
산봉우리에 솥뚜껑처럼 얹힌 구름 슬쩍 밀쳐놓아요

뜸이 다 든 뜨끈한 산
속까지 든든해지는
사월의 산

방울토마토

난데없이 굵은 빗방울 하나 창을 후려쳤다
긴 사선으로 남은 흔적
갑자기 네가 내 뺨을 후려쳤다
아득한 별 하나 광속으로 달려왔다
왼쪽 귀를 지나 오른쪽 외이도로 빠져 나가는
그 알알한 아픔은
기억의 촉촉한 겨드랑이 사이
동그란 알을 슬어놓았다가
간혹 이렇게 부화하는 거였다
곧 햇살이 비치고
커피 반잔의 시간만큼
따뜻해질 때
언뜻 날개를 반짝이며 사라지고 마는

네가 떠올랐다
비 오는 밖, 빨간 우산 하나
길 위로 떠올랐다
입술에 핏방울이 맺혔던가
하얀 손수건을 내밀며 흔들리던 네 눈동자

불그스름 번지던 후회
방울방울 속울음에 숨었던
말간 핏빛의 알들 또 다시 부화하고 있다
젖은 날개를 파닥이고 있다
비릿한 공기를 거슬러 도착한
짙푸른 삶의 잎사귀 아래
깨물면,
아직도 물컹하게 터져 나오고야 마는

병천아우내순대

주인아지매 농익은 입담처럼 잘도 터진 순대는
비린내를 갖은 양념으로 재웠다는데
고소한 육즙은 오리지널이라는데
가늘고 부드러운 소창이 뭉텅뭉텅 입맛을 확 당기는데
관순아! 관순아! 내 말 들리나

장터 국밥 가마솥에 한 김 오르면
등짐 부린 사내들 툭툭 어깨 털며 아무렇게나 마주앉아
식구처럼 매운 눈빛 쓰다듬으며 후후 시린 삶 불어가며
서로 입김을 나누느라
더운 열기에 붕대처럼 싸여 지워져가는 줄도 몰랐다는데
관순아!

선지 같은 긴 어둠에 박힌 뼈 속까지 쩌렁거리는 너의 앙칼
진 외침
아우내 어느 마룻장 밑에 펄럭이고 있단 말이냐

오백구십구 페이지 한국사의 이해
단 한 줄도 널 이해하지 못했구나

무명저고리 치마로 일제의 총알 받아냈더니
참말로 무명이구나
관순아! 관순아! 내 말 들리나

유전되지 못한 네가
유약하고 비굴한 네가
독한 소주가 아니면 불러내지도 못하는 너를
막소금에 찍어 삼키고 있다
갈가리 찢어진 네가
땅켜에 잦아든 검붉은 네 심장이
한 끼 주린 허기 위해 들어선 후미진 골목식당
뒤돌아서 본
신장개업 간판 위에 떨며 서 있구나
관순아!

저수지에 파닥이는 잎들

아버지는 막 저수지를 들었다 놓은 듯 골몰하시네
간간이 입질하는 이승의 시간
허리에 꿰찬 바람을 잡았다 풀었다
젊은 시절과 한판 씨름이시네
그 사이 저수지의 푸른 잎들이 넌출거리며 어둠을 타고
나는 그물망 속에 낚인 아버지의 세월을 읽고 있네
죽은 엄마 젖가슴같이 찬 달
아무 종없이 젖 달라 보채던 막내의 눈물
드문드문 박힌 저수지에서
톡 톡 힘줄 불거지듯 튀는 물고기들로
이 저녁 아픔을 발라놓으시네

아버지이!
어이! 거 있그라

살아있음으로 간절해지는 것들
타닥타닥 푸른 불꽃을 일으키며
젖은 기억의 끝을 말리는
아버지,

오랫동안 나를 낚고 계시네
예전보다 더 환히 웃으시네

선연한 '몸'과 '말'의 시학

유성호(문학평론가, 한양대 교수)

1.

정온 시인의 첫 시집 『오, 작위 작위꽃』(시산맥, 2013)은, '몸'과 '말'에 관한 경험적이고 상상적인 상처와 열망을 가득 담은 기록이다. 가령 시인은 우리 삶의 가장 깊은 바닥에 웅크리고 있는 구체적 감각들을 선연하게 재구(再構)하면서, 그 안에 깃들인 '몸'과 '말'의 기억들을 하나하나 재현해낸다. 그럼으로써 그녀의 언어는 우리 삶을 가파르게 구성하고 있는 실존의 극한에까지 가 닿는다. 최근 우리 시단에서 만나기 어려운 선명하고도 절절한 화법(話法/畵法)이 아닐 수 없다. 이때 정온 시인은 화자가 청자에게 전달하는 방식에 의해 시가 씌어지는 것이 아니라 화자와 청자 사이에서 시의 감각과 기억이 축조된다는 사실을 두루 입증한다. 그래서 그녀는 들뢰즈의 말처럼 시적 창조가 서로 병립 불가능한 것들 사이로 자신을 그어 나가는 것이라는 정언을 충실하게 수행하고 있는 것이다.

먼저 이번 첫 시집의 근간을 형성하고 있는 가장 확연한 담론적 실재는, '몸'에 관한 정치한 발견과 묘사를 통해 성취되고 있다. 두루 알다시피 '몸'이란 인간의 지각과 삶을 구성하는 구체적 장소이자 최초의 생성 지점이다. 일찍이 니체가 '몸'을 통한 세계의 무한 해석 가능성을 제시한 이래, 우리는 '몸'을 통해 추상적이고 이성 중심적인 인식론적 체계에서 훌쩍 벗어날 수 있었다. 이처럼 우리는 '몸'이라는 가장 구체적인 실재에 대한 재발견을 수행하는 정온은 시편들을 통해 주체와 세계를 잇는 새로운 방법론과 함께 삶에 대한 인식론적 전회를 경험하게 된다. 이러한 발견의 과정을 온축하고 있는 다음 시편을 한번 읽어보자.

물방울 톡톡 튀는
첫 몸을 빼앗긴 순간
육골은 마르기 시작했지
귓불에 목덜미에 젖무덤으로
시퍼런 이빨자국 나기 전까지
내 몸엔
연어 거슬러 오르는 소리 들려왔었지
바알간 숯덩이처럼 알알이 익고 있었지
데인 듯 뜨거워서
몸뚱아리 자꾸 부풀어서
터진 풍선껌처럼 네 입술에 들러붙고 말았을 때
닿은 몸마다 돋아나는
연분홍 생식흡반

온 피가 한꺼번에 거꾸로 쏠리는
기막히게 오른 절정
나를 버려도 좋아
이대로 죽어도 좋아

살갗을 파고드는 붉은 꽃잎,
또옥 똑 꺾어
닦을수록 윤이 나는 기억에 담아두겠어

네게 물린 기억으로
일체가 되어버린
격렬한 그리움의 이빨자국
푸들푸들 간지러움 도는 새살 내밀어
푸른 알을 자꾸 달아보네

—「저 꽃이 흡혈의 흔적이라면」 전문

시인은 자신의 마르는 육골과 함께 온몸에 선연하게 남은 “시퍼런 이빨자국”을 느끼고 있다. 이때 시인이 ‘몸’에서 발견하는 것은 “연어 거슬러 오르는 소리”와 “바알간 숯덩이처럼 알알이” 익는 순간이다. 일순 그것은 야성과 상처와 흔적으로 충일한 몸을 한껏 부풀어 오르게 한다. 동시에 시인은 피가 몸으로 한꺼번에 역류하여 쏠리는 절정을 경험한다. 그리고 살갗으로 파고드는 붉은 꽃잎을 꺾어 그것을 “닦을수록 윤이 나는 기억”에 담아둔다. 이제 흡혈의 기억으로 한 몸이 된 “격렬한 그리움의 이빨자국”을 떠올리면서, 시인은 상처를 지나 생명의 절정에 다다라 불쑥 새살을 내미는 “푸른 알”의 마음을 보여준다. 그러니까 ‘꽃’은 흡혈의 흔적이요, 푸르게 새살 내미는 ‘알’은 생명의 결실인 셈이다. 이렇듯 시인에게 ‘몸’이란 상처 가득

한 기억의 거소(居所)이자 생명 생성의 깊은 원천으로 견고하게 결속되어 있다. 간지러움 도는 새살 속에 참신하고도 심미적인 사유와 표현의 과정이 농울치는 시편이 아닐 수 없다.

살살 녹을 거라, 달달할 거라 생각한다면
혀끝 먼저 대 봐
촉촉 젖어드는 네 가슴
발랑발랑 심장 터질지 몰라
옥수수수염 될지도 몰라
반반한 햇살이 전부인 몸
오락가락 치근대는 빗줄기야
너무 쉽다고는 마
함부로 눕는다고는 마
보드라운 숨결에 네 목이 베일지도 몰라
애간장을 쥐고 천천히 핥을지도 몰라
한 사람만
오직 한 사람만을 위해
솜사탕처럼 녹아내린
담장과 어머니와 처녀의 경계
달달한 인생을
팽팽 도는 붉음을
- 준비하시고 쏘세요
징그럽도록 달아오른 네 눈에
착 달라붙는 혀,
밤마다 푸른 비늘을 오므려 갈은 칼이지
몰랐지?
꽃이 아니라
뱀이라는
오, 작위 작위꽃

— 「오, 자귀꽃」 전문

이 시편에서는 "반반한 햇살이 전부인 몸"을 상상하는 시인의 모습이 전면화된다. 오직 한 사람을 위해 존재하는 '혀끝'과 '가슴'과 '심장'의 절실함이 시편 가득 물들고 있다. 시인은 보드라운 숨결에 '너'의 목이 베일지도 모른다고 혹은 애간장을 쥐고 핥을지도 모른다고 말한다. 그리고 '너'를 향해 "담장과 어머니와 처녀의 경계"를 넘나들었던 시간과, 팽팽 도는 붉음을 달아오른 눈과 달라붙는 혀에 간직해온 시간을 떠올린다. 이렇게 시인은 밤마다 푸른 비늘을 오므려 간 칼을 '꽃'이 아니라 '뱀'이라는 작위로 상상하고 있다. 이때 뱀이라는 작위는 시인의 몸에 남은 칼과도 같은 실존의 작위(爵位)이자 '너'를 향해 온몸으로 다가갔던 운명과도 같은 시적 작위(作爲)가 된다.

이처럼 정온 시편은 '몸'에 대한 각별한 자의식과 함께 씌어진다. 그것은 대체로 '꽃'의 상상력을 빌려 그 안에서 피어나고 열리는 강렬한 움직임과 흔적을 통해 재현된다. 대체로 그 움직임은 강렬하고 가파르며, 그 흔적은 선명하고 돌올하다. 이는 정온 시인이 외딴 관념에 유폐된 시인이 아니라 '몸'의 물리적 구체성을 통해 사물의 진면목에 가 닿는 시인임을 알려주는 확연한 지표가 아닐 수 없을 것이다.

2.

정온 시인의 또 다른 음역(音域)은, 사물에 대한 세밀한 관찰과 그것에서 파생하는 연쇄적 이미지를 아름답게 드러내는데 있다. 가령 그녀의 시편들은 현실에서는 불가능한 존재 전환을 꿈꾸는 상상적 과정을 우리에게 보여주는데, 이때 그녀의 언어는 일상적 사물의 외관과 속성을 완전히 벗어나 전혀 다른 파생적이고 상상적인 사물의 이미지를 만들어낸다. 하지만 그녀는 지상에 발을 딛고 살아가는 이로서의 존재 형식을 증언하는 쪽으로 한결같이 귀환한다. 그만큼 그녀 시편들은 시각적 이미지를 풍부하게 사생하고 파생하면서, 그것들로 하여금 우리가 살아가는 이야기를 변용한 형상으로 존재하게 한다. 이는 생의 가장 눈부신 순간들을 명민한 감각으로 재구성하여 그것에 일종의 미학적 내구성을 부여하는 작법(作法)이다. 이러한 면모는 그녀가 예술이야말로 삶의 일시성을 깨닫는 동시에 그 일시적 순간에서 암시적 영속성을 포착해내는 것임을 충실하게 예증하는 것이다. 그 첨예한 실증을 한번 열어보자.

말하자면
총알 박아 넣기 좋은 네 머리통을 생각한다
꼬리를 자르고 도망치는 도마뱀, 또 다른 이파리 아래에서 꼬릴 키우는
네 죄를 생각한다
하루를 뜯어내면 또 똑같은 하루가 자라는
이 지긋지긋한 관계
속이 하얘지도록 비워내고 싶어
모두가 킬킬대는 영화관에서
한잠 제대로 자고 나온 화창한 오후
여전히 굉음을 내며 내 뒤를 바짝 따라오고 있는
세상, 그 복판에 45구경 총구를 겨누고 싶을 때
잔혹한 꽃을 피우고 싶어
미칠 때
한나절 한 시간 일 분 일 초

나를 균등하게 토막 친
네 죄 위에
방울토마토처럼 얹힌 게 태양이라니
—「양배추를 씻다가」 전문

시인이 감각적으로 살려내는 사물의 영상들은 '총알/총구'로 상징되는 '겨눔'의 행위와 '이파리/꽃'으로 상징되는 '키움'의 행위로 대별된다. 시인은 양배추의 형상에서 총알을 겨누기 좋은 머리통을 생각하고, 꼬리를 자르고 도망치는 도마뱀처럼 이파리 아래에서 꼬리를 키우는 모습을 상상한다. 반복되는 일상의 지루함을 넘어 속이 하얘지도록 비워내고 싶은 열망을 가진 시인은, 세상 한복판으로 총구를 겨누며 "잔혹한 꽃"을 피우고 싶어한다. 이때 마치 태양과도 같은 방울토마토의 이미지가 부가적으로 연상된다. 여기서 우리는 매우 구체적인 사물의 속성을 통해 새로운 영상으로 건너가는 그녀 시편의 감각적 활달함과 구체성을 보게 된다. 이는 양배추를 씻는 일상적 움직임 속에서 잔혹하기까지 한 심미적 개화를 열망하는 시인의 마음이 붉고 아름다운 영상으로 드러난 사례일 것이다. 이러한 심미적 영상은 고스란히 다음 시편으로 이어지는데, 아닌 게 아니라 제목부터가 예의 '방울토마토'로 달려 있다.

난데없이 굵은 빗방울 하나 창을 후려쳤다
긴 사선으로 남은 흔적
갑자기 네가 내 뺨을 후려쳤다
아득한 별 하나 광속으로 달려왔다
왼쪽 귀를 지나 오른쪽 외이도로 빠져 나가는
그 알알한 아픔은

기억의 촉촉한 겨드랑이 사이
동그란 알을 슬어놓았다가
간혹 이렇게 부화하는 거였다
곧 햇살이 비치고
커피 반잔의 시간만큼
따뜻해질 때
언뜻 날개를 반짝이며 사라지고 마는

네가 떠올랐다
비 오는 밖, 빨간 우산 하나
길 위로 떠올랐다
입술에 핏방울이 맺혔던가
하얀 손수건을 내밀며 흔들리던 네 눈동자
불그스름 번지던 후회
방울방울 속울음에 숨었던
말간 핏빛의 알들 또 다시 부화하고 있다
젖은 날개를 파닥이고 있다
비릿한 공기를 거슬러 도착한
짙푸른 삶의 잎사귀 아래
깨물면,
아직도 물컹하게 터져 나오고야 마는
—「방울토마토」 전문

여기서 '방울토마토'는, 빨간 색상과 깨물면 터져 나오는 물리적 속성이 그대로 차용되면서도, 시인의 기억 속에 웅크리고 있는 감각적 경험들을 호출하는 매개적 기능을 담당하고 있다. 굵은 빗방울이 창을 칠 때 "긴 사선으로 남은 흔적"을 가지게 된 시인은, 그 순간 아득한 별 하나가 광속으로 달려왔음을 생생하게 기억하고 있다. 빗방울이 뺨을 후려치는 통증 속에서도 시인은 "기억의 촉촉한 겨드랑이"에 햇살이 비치고 따뜻한 시간이 번져감을 느낀다. 이제 '방울토마토'처럼 "불그스름 번지던 후회"와 '빗방울'처럼 "속울음에 숨었던/말간 핏빛의 알들"도 결국 푸른 삶의 잎사귀처럼 다가오면서 결국 그녀의 시편에는 사물의 윤곽이 이토록 아름답게 그려진다. 아니 그보다는 하나의 사물에서 다른 사물로 이월되고 전이되는 감각의 운동성이 아름답게 그려진 것일 터이다. 정온 시편의 이미지가 풍요롭게 생성되는 비밀 또한 이러한 시인의 상상적 역동성에 있다 할 것이다.

3.

그런가 하면 정온 시인은 이번 시집에서 '말'에 대한 깊은 자의식(自意識)을 곳곳에서 고백하고 있다. 곧 그녀는 '말=시(詩)'가 심미적 욕망의 불가피한 형식임을 사유하고 표현한다. 그녀에게 '시'란 '말' 그 자체이며, '시인'이란 '말'에 대한 자의식으로 충만한 사람이다. 그러니까 자신은 '말'을 찾아 헤매고 궁극에는 존재하는 모든 사물 속에서 '말'을 발견하고 경험하려는 존재를 열망한다. 이렇게 그녀에게 '말=시'는 시인으로서의 존재론적 발견을 가능케 하는 심층적 원리이면서, 동시에 스스로를 완성하는 원천적 기율이 된다. 따라서 그녀 시편들은 '말=시'에 대한 이러한 생각과 경험을 다양하게 변주하면서 사물 곳곳에서 그것을 발견하는 과정을 지속적으로 보여준다. 가령 "답을 저 하늘에 적으면 안 될까요?/저렇게 넓은데 우리의 꿈인들 못 적겠어요?"(「오늘의 키워드는 네모」)라는 표현에서도 그녀는 '시'를 통해, '말'을 통해, 우리의 꿈과 이상이 형상화될 수 있다고 믿는다.

여기에 뼈를 묻겠다
계절의 끝에 다다르면
그 뼈에 돋아나는 푸른 싹을
한 마디 한 마디 작은 혀로 새기는 고운 결을
볼 수 있을까

안데스산맥 인디오는 사랑하는 이가 죽으면 그 뼈로 피리를 만든다는데 생시의 사람과 말을 주고받듯 뼈마디에 입술을 대고 온몸이 비워질 때까지 분다는데 그 음률에 별들이 떨어지고 한밤중에 해가 솟아 달과 오랫동안 입을 맞춘다는데

할아버지와 아버지와 우리의 어머니가 뼈를 묻은 곳
나의 육골
만주 벌판에서 아우내장터를 거쳐
아직도 내 혀에 맴돌고 있는
결기의 말
깎고 또 깎는 뼈의 말
그 말들
죽어라고 쓰겠다

자신을 벼리던 바람과 덜 여문 생각에 찬물 끼얹던 소나기
밤이면 이파리에 가늘게 손을 얹던 달빛까지
몸 안에 재워 삭히는 대나무
일생 딱 한 번
비워진 제 속을 뒤집어 가지에 내걸고 나서 말라죽는다

그것을 대나무꽃이라고들 하는데
아니다
외마디에 전생全生을 담은 절대 함축의 언어
뼈에 새긴 시
　　—「죽어竹語」 전문

'죽어/竹語'의 언어유희(pun)에 바탕을 둔 착상이 이 시편에서 단연 빛을 발한다. 시인은 '말의 뼈'를 생각하면서, 그 뼈에 돋아나는 푸른 싹을 한 마디 한 마디 혀로 새기는 고운 결을 생각한다. 안데스산맥 인디오가 사랑하는 이가 죽으면 그 뼈로 '피리'를 만들어 분다는 사례를 떠올리면서, 시인은 그네들이 사람과 말을 주고받듯 뼈마디에 입술을 대고 피리를 불듯 자신도 조상의 뼈를 묻은 곳에서 "결기의 말/깎고 또 깎는 뼈의 말"을 죽어라고 쓰겠다고 다짐한다. 그때 그 '죽어라고/竹語라고'의 언어유희는 시인으로서의 가파른 실존을 보여주면서, 동시에 그로 인해 별들이 떨어지고 한밤중에 해가 솟아 달과 오랫동안 입을 맞추는 기적이 재현되는 순간이 다가옴을 암시한다. '바람'과 '빗물'과 '달빛'까지 몸 안에 재워 삭히는 대나무처럼 "비워진 제 속을 뒤집어 가지에 내걸고 나서" 말라죽듯이 쓰는 '죽어(竹語)'는 "외마디에 전생(全生)을 담은 절대 함축의 언어/뼈에 새긴 시"인 셈이다. 그러니 죽어라고 쓰는 '죽어(竹語)'는 말 그대로 필사(必死)의 의지를 가진 시인 스스로의 시작(詩作)을 은유하는 것이 아니겠는가. 이러한 '뼈'의 상상력은 다음 시편으로 더욱 아름답게 이어진다.

사막이다

지친 낙타가 끌고 가는 사막
온몸에 흰 천을 두른 여행자, 그림자가 짧아진다
그림자의 주인은 이생을 건넌 아버지
눈이 마른 우물처럼 깊어져 그리움이 바닥을 울린다
아버지는 걸음을 재촉하고 모래바람은 내 눈을 가린다
낙타가 없는 나는 낙타처럼 네 발로 기어 아버지의 그림자를 잡고
끌려오던 사막이 내 그림자를 잡는다
지상의 모든 것이 하얗게 탈색되는 정오, 눈이 부시다
눈이 부신 아버지가 앙상한 팔을 들어올린다
약봉지를 털어 넣던 그 야윈 팔목
손바닥을 펴 알사탕 하나를 건넨다
찡그린 어린 내가 고개를 흔든다
씁쓰름하게 웃던 아버지
아버지, 같이 가요
동굴을 빠져나오지 못하고 죽은 해골이 구르듯
소리는 목구멍 속에서만 웅얼거린다
숨을 가다듬고 다시 크게 불러본다
아버지는 말 없고
모래바람이 회오리치며 대답한다
나를 삼키고 아버지와 낙타를 삼키고 사막을 삼킨다
아무것도 남지 않았다
모래더미에 박힌 앙상한 뼈만 남았다
거기에 입술을 댄다
서걱대는 모래 알갱이가 식도를 타고 들어온다
가장 깊은 모음으로 그 서걱거림을 뱉는다
—「피리를 불면」 전문

지친 낙타가 끌고 가는 '사막'이라는 공간에서 시인은 "이생을 건넌 아버지"의 그림자를 환영처럼 바라본다. 급기야는 눈이 마른 우물처럼 깊어져 아버지를 향한 '그리움'은 우물의 바

닥을 울리고 있다. 어느새 아버지는 걸음을 재촉하시고 시인은 낙타처럼 기어서 아버지의 그림자를 잡는다. 눈부신 정오, 아버지가 팔을 들어 올리신 채 약봉지를 털어 넣던 야윈 시간이 떠오른다. 이렇게 시인의 어린 시절과 아버지의 오랜 사막과도 같았을 불모의 시간들이 함께 부조(浮彫)되면서, 이 시편은 "모래더미에 박힌 앙상한 뼈"에 입술을 대자 "가장 깊은 모음"을 가지게 된 시인의 아픈 성장사(成長史)를 보여준다. 이때 '뼈'와 '모음' 사이에 태어나는 것이 말하자면 정온 시인이 죽어라고 쓰는 '시'일 것이다. 그것은 결국 "말라죽은 짐승의 뼈가 음울한 송가를 연주"(「온수를 틀면」)하는 상상력과 궤를 같이 하는 것이다. 이처럼 정온 시인은 '말=시'에 대한 남다르게 깊은 자의식을 거쳐 시인으로서의 존재론적 고백으로 나아가는 과정을 이번 첫 시집에 담고 있다.

4.

우리가 잘 알고 있듯이, 우리는 시의 입법(立法) 기능이 현저하게 줄어들고 그 대신 시의 미시적 세공 기능이 들어찬 시대를 살고 있다. 이러한 시대일수록 삶을 깊이 성찰하고 역설적 희망의 담론을 구축해가는 시편이 긴요한 법이다. 지금까지 우리가 읽어왔듯이, 정온 시편은 '몸'의 상처와 '사물'의 움직임에 대한 재현에 깊은 공을 들였거니와, 그 안에는 어둑한 기억과 진정성 있는 고백이 진하게 담겨 있다. 그리고 '말'에 대한 깊은 성찰을 통해 우리에게 역설적 상상과 희망의 담론을 제공하고 있다. 원래 '시'의 가장 중요한 원천이 결핍과 부재를 견디는 힘에서 생겨나고, 있어야 할 것들의 부재에 대한 근원적 처방이 시가 가진 종요로운 힘이라는 측면에서 보면, 정온 시편의 이러한 성찰적 기능은 단연 중요한 대안적 몫을 거느린다고 할 것이다.

문이 거칠게 흔들렸다
……
아무도 없는 빈 들
침침한 유리창엔 빗방울 몇, 사분음표 서넛 그려 넣고
늘어선 전신주에 전깃줄 파르르
떨리는 것은 지금 조율 중
자식 먼저 누워 버린 도시 등지고 앉은
노인의 집
딱, 딱, 헛간 문이 박자를 놓는다
뒷산 리기다소나무 오른쪽 왼쪽 고갤 흔든다
서둘러 구름 속으로 들어가는 반달
그만 넘어지며 G코드를 잡자
가는 빗속을 헤엄쳐 뾰족한 주둥일 문틈에 박는
먼발치 경로당 지짐 냄새
눈가에 치미는 시장기 닦으려는 안노인
오른손을 올렸다
크르릉, 이제다 하고 갈라서는 먹구름
굵은 빗방울들 텅텅텅 전깃줄을 튕기기 시작한다
끝내 맞물리지 못한 관계처럼 어긋난 헛간 문
빠르게 리듬을 살리고
우우우, 일제히 코러스 넣는 리기다소나무
아악, 놀란 까마귀의 메조소프라노 젖은 공기를 물고 솟구친다

이 연주
저린 두 무릎 사이 오롯이 내려
뚜둑, 뚜둑 마른 관절들 흐린 창을 닦는다
밖을 내다본다

—「세상은 기타」 전문

이 작품에서 시인은 기타(guitar)를 들고 세상을 노래한다. 물론 여기서도 우리는 'guitar/其他'의 언어유희가 무의식적으로 배어 있음을 느낀다. 시인은 '사분음표/조율/박자/G코드/튕기기/리듬/코러스/메조소프라노' 같은 기표의 연쇄를 통해 자신이 기타 연주를 통해 세상의 아름다움을 노래하고 있음을 알린다. 아무도 없는 빈 들처럼 외따롭고 적막한 '노인의 집'이라는 공간을 생각하는 시인은, 젖은 공기를 물고 솟구치는 그 노래를 통해 "저린 두 무릎 사이 오롯이 내려/뚜둑, 뚜둑 마른 관절들 흐린 창을 닦는" 과정을 선연하게 보여준다. 결국 이 작품은 정온 시인이 노래해온 '몸'과 '말'의 충실한 결속의 한 사례를 확연하게 보여준다. 이울어가는 노인들의 몸과 그 위로 번져가는 기타 연주를 통해 기타(其他)의 세상이었던 삶들이 생생하게 살아나는 과정이 거기 겹쳐진다. 그녀 시편이 타자들의 삶으로 퍼져나갈 수 있는 시사를 주는 작품이 아닐 수 없다. 이처럼 우리는 앞으로 씌어질 정온 시편들이 타자의 삶을 위안하고 쓰다듬는 광폭의 감각을 가질 것임을 예견하게 된다.

우리가 잘 알듯이, '시'는 시인 자신의 실존적 고투를 실질적 내용으로 삼는 자기 고백의 양식이다. 거기에는 한 시대의 중심 원리로 기능하는 이성이나 문명의 힘과 길항하면서, 시인 자신의 개성적 사유와 감각을 통해 새로운 상상적 질서를 재구

축하려는 남모를 열망이 담겨 있다. 물론 그러한 사유와 감각은 실험적 전위들이 가질 법한 파격적 모험 정신과는 무관한 것이다. 오히려 그것은 잃어버린 시의 위의(威儀)를 세우려는 열망과 깊이 닿아 있는 것이다. 그래서 그 안에는 인간들이 인위적으로 정해놓은 경계나 문명의 표지들과, 그 경계나 표지를 지웠을 때의 자유로움이 대비적으로 그려진다. 그 자유로움이 바로 우리가 이성과 문명의 주류적 흐름 속에서 잃어버렸던, 시가 추구해마지 않는 궁극적 속성이자 원리일 것이다. 정온 시인의 첫 시집은 이러한 시의 속성과 원리에 대한 정치하고 섬세한 감각, 그리고 삶의 깊은 구체성에 착목한 의미 있는 결실이다. 그렇게 시인은 우리 시대의 불모성에 대한 유력한 시적 항체를 만들어냄으로써, 자신만의 고전적이고 섬세한 사유와 감각을 선보인 것이다. 그 사유와 감각 안에 선연한 '몸'과 '말'의 시학을 담은 심미적 결실이 들어 있는 것이다. 그럼으로써 시인은 실존의 극한까지 상상적으로 나아가려는 미적 고투를 충실하게 보여준다.

한 가지 첨언하자. 이번 시집 어디를 둘러보아도 그녀 시편에는 단출한 소품(小品)이 없다. 그녀는 한 편 한 편 그야말로 사력을 다해 서사적 완결성과 심미적 깊이를 구현해낸다. 이렇듯 일관되게 단형 시편을 멀리하는 까닭이 그녀의 미학적 완성 의지에서 연원하는 것이 아닐까, 첫 시집인데도 완성도가 높은 까닭이 여기에 있지 않을까, 생각해본다. 그녀의 남다른 장인 의식을 보여주는 삽화라 할 것이다. 이제 우리는 이러한 장인 의식과 단단하게 결속한 '몸'과 '말'의 시학이, 우리 시단 가득 번져가기를 거듭 희원해본다.